인생을 걷다

인생을 걷다

발행일	2025년 6월 20일

지은이	김주호		
펴낸이	손형국		
펴낸곳	(주)북랩		
편집인	선일영	편집	김현아, 배진용, 김다빈, 김부경
디자인	이현수, 김민하, 임진형, 안유경, 최성경	제작	박기성, 구성우, 이창영, 배상진
마케팅	김회란, 박진관		
출판등록	2004. 12. 1(제2012-000051호)		
주소	서울특별시 금천구 가산디지털 1로 168, 우림라이온스밸리 B동 B111호, B113~115호		
홈페이지	www.book.co.kr		
전화번호	(02)2026-5777	팩스	(02)3159-9637

ISBN   979-11-7224-704-1 03810 (종이책)   979-11-7224-705-8 05810 (전자책)

잘못된 책은 구입한 곳에서 교환해드립니다.
이 책은 저작권법에 따라 보호받는 저작물이므로 무단 전재와 복제를 금합니다.
이 책은 (주)북랩이 보유한 리코 장비로 인쇄되었습니다.

(주)북랩 성공출판의 파트너
북랩 홈페이지와 패밀리 사이트에서 다양한 출판 솔루션을 만나 보세요!

홈페이지 book.co.kr • 블로그 blog.naver.com/essaybook • 출판문의 book@book.co.kr

작가 연락처 문의 ▶ ask.book.co.kr
작가 연락처는 개인정보이므로 북랩에서 알려드릴 수 없습니다.

김주호 시집

인생을 ─ 걷다

북랩

목차

어른	006	춤출래요?	048
해와 연	008	윤슬	050
별빛	010	달의 속편	051
사랑이란	012	빈자리	052
사랑의 힘	014	봄	054
사랑의 인사 1	016	너를 사랑했던 시간	055
사랑의 인사 2	018	인생	056
인류의 질문, 사랑은	020	모짐	057
우리는 모두 한 영혼을 지녔다	023	선택	058
다시 사랑할 수 있도록	024	삶	060
내 모습이 싫어질 때	026	삼켜진 거울 조각	062
작은 용서	028	흙	063
나약해진 나는 용기가 필요해	030	망막의 가치	064
용기를 가져	033	모기약	065
삶을 위해서	034	기도	066
어릴 적에	036	응답	068
지저귀는 새	038	낙하	070
공원 벤치에서	039	외로움	073
슬픔의 인정	040	오늘 밤	074
봄의 얼굴	042	부정	075
사랑한다는 말	044	향수	076
무기력함이 당신을 지배하려 할 때	046	하나님	077
나는 사랑한 시간을 기억합니다	047	그리움	078

슬픔	079	여우	118
괜찮아	080	우산	119
고백	083	하얀 물통 안	120
청춘	084	옥아	122
여름 1	086	거울들을 구원해 주는 입	124
짝사랑	089	구름길	126
상처	090	거울을 삼킨 입	127
추모식	091	한걸음 떨어져서	128
이별 1	092	가시덤불	130
헤어짐	094	필연적 우연	132
행복	096	그대	133
하루	098	상대성 이론	134
자아	099	성당행	136
학	100	영원 1	137
잔상	102	영원 2	138
신	104	무게	139
시간	106	새벽 기도	140
향기	107	여름 2	142
인생을 걷다	108	새벽의 사랑극은 해피 엔딩	145
그대	110	그대에게	146
푸른 이불	111	개가 되어도	149
공백	112	탄소	150
숨	113	후회	152
이 별	114	구조 신호	154
오늘의 바다	115	남자의 꽃	156
이별 2	116	후회	157
진실	117	울음 답안지	158

어른

시간의 흐름 속에서도
마음의 밭을 갈아
새로운 씨앗을 심는 사람

나이테처럼 쌓인 경험 속에서
젊은 순의 이야기에 귀 기울이고
묵묵히 숙고하여
맑은 샘물 같은 소견을 건네네

세상의 변화를 두려워하지 않고
오히려 너그러운 눈빛으로
흐름을 이해하며
더 깊어진 통찰력을 보여 주네

오랜 세월 연마된 지혜는
섣부른 단정 대신
상대의 마음을 헤아리는
따뜻한 공감으로 빛나네

굳어진 옹이와 푸른 나이테
같은 시간을 지나왔지만
나와는
다른 풍경을 만들어 내네

해와 연

한때 뜨겁게 맞닿았던
두 개의 궤적이
이제는 아득한 간극을 둔 채
각자의 밤하늘을 유영하네

함께 그렸던 별자리는
희미한 잔상으로 남아
가끔씩 스치는
바람결에 흩어져
사라질 듯 위태롭고

서로의 온기로 채웠던
텅 빈 우주는 차가운
침묵만이 감돌아
잊혀진 별의 신음처럼 아프다

붙잡을 수 없는 빛의 속도로
멀어져 간 너와 나
남겨진 자리에는 메마른 슬픔의 먼지만 쌓이네

하지만 기억하렴
우리 함께 빛났던 순간들을
비록 지금은 다른 하늘 아래 있지만
그 아름다웠던 찰나는
영원할 거라고

별빛

늘 너의 말을 보관하고 싶었어
차곡차곡 모아서
내 마음 깊은 곳에
별빛과 함께 간직하고 싶었어

그런데 너의 말에는 눈빛에는
모양이 없으니까
대신 쪽지를 적었어

사실은 말야
건강하고
네가 흩뿌린 눈물 한 방울
그 방울이
하루 종일 머릿속을 맴돌았거든

그래서 그걸 그대로 옮겨 적었어
너의 말씨, 너의 온도까지 닮게
작은 종이에 꾹 눌러썼어

그걸 건네고 싶다가도

또 망설였어
혹시 네가 웃으면 어쩌지
혹시 그냥 흘려 버리면 어쩌지
괜히 겁이 나서

그래서 쪽지는
아직도 내 가방 속에 있어
포기하려다
그냥 한 번 더 네 생각이 나서
그날도 오늘도
나는 조용히 꺼내 읽었어

사랑이란

  사랑이란 어느 사람의 기억 속에 포근하고도 아름다우며 평화롭게 존재하는 것이라고

  또는 증오, 슬픔, 고통으로도 존재하는 것이라고

  전에도, 현재에도, 미래에도

  인간은 사랑을 통하여 영원히 산다는 말처럼

  우리에게 신은 사랑이란 말로 형용할 수 없는 가장 위대한 선물을 주셨다

  때론 두 뺨에서 차갑게 흘러내리던 눈물이

  때론 두 뺨에서 가장 뜨겁게 흘러내리기도 하며

  때론 가장 아름다운 눈빛으로 사랑하는 사람의 눈동자를 바라볼 수도 있다

그대와 나는 아름답고도 찬란하며 따뜻하며 차가운 사랑 앞에 무릎을 꿇었다

우리의 존재 이유이며 살아가는 이유다

누군가를 가슴이 저미게 사랑해 본 적이 있으신가요?

아, 당신도 나와 같군요

나도 당신처럼 누군가를 사랑합니다

이 이유는 같은 맥락으로 흘러 매일 수백만 송이의 꽃이 세상에 피어나게도 하지요

사랑을 한다는 것, 그리고 사랑을 받는 것은 태양을 느끼는 것과 같습니다

우리는 오늘도 사랑으로서의 삶을 살아갑니다

사랑의 힘

 사랑은 넘어진 자를 일으키며, 증오와 고통의 가운데 서 있는 사람에게 손을 내밀며, 절망의 늪에 빠진 사람에게 한 줄기의 희망을 안겨 주기도 한다.

 현대 시대의 우리는 사랑보다는 돈을 사랑하고, 배려보다는 자신이 옳다고 주장하며, 약자보다는 강자를 숭배하고 있다. 이러한 풍경들 속에서 우리는 점점 더 사랑의 힘을 잃어 가고 있음이 틀림없다.

 우리가 점점 더 사랑의 힘을 잃어 가는 이유는 어디에 있을까? 좀 더 본질적인 이야기를 한다면, 이기적인 힘과 악의 힘 그리고 신이 우리에게 주신 모습을 그대로 사랑하고, 보존하고 있는 것이 아닌, 신이 허락한 세상 밖 그 무엇을 숭배하고 이기적인 마음으로 가득 차 무엇인가를 가지려 하는 우리들의 모습 속에서 인간은 본연의 모습을 이어 주고, 사람과 사람 사이의 마음을 연결 짓는 사랑을 잃어 가고 있음이 분명하다.

 다시 우리는 사랑할 수 있을까?

'다시 우리는 서로를 믿을 수 있을까?'라는 의문에 대하여 우리는 깊은 통찰을 통하여 자기 내면을 들여다봄으로써 더 넓은 세계로 나가야 할 것이다.

사랑의 힘은 보이지는 않지만 항상 어디에든 꽃 피고 있기에, 귀를 기울이고 눈을 크게 뜨고 바라본다면 밀려오는 파도처럼 어느새 우리 곁에 존재할 것이다.

나는 그리고 당신은 사랑의 힘을 그리고 행복한 인생을 만나기 위해 또는 변화하기 위해 오늘도 그 무엇인가를 찾아 발길을 옮긴다.

그 발길들 속에서 희망이 함께하기를!

그 발길들 속에서 온전한 사랑의 힘과 행복한 인생을 만나기를!

그 발길들 속에서 신의 은총이 함께하기를!

사랑의 인사 1

　매일 말없이 피어나는 수백만 송이에 꽃은 밝은 미소를 띠며 우리에게 인사를 건네 오지만, 삶이란 둘레에 휩싸인 우리는 꽃들의 인사를 알아차리지 못한다.

　많은 일들과 걱정으로부터 둘러싸인 채 인간은 위태롭고, 애처롭게 인생이란 무거운 무게를 지고 서 있다.

　삶은 우리에게 많은 질문을 던지지만, 그 해답을 짧은 시간 내에 찾고 만나기란 결코 쉬운 일이 아니다. 그렇다 해도 사람의 노력은 끝없이 이어져 해답을 찾아내고 만다.

　누군가는 인생의 해답을 돈으로 생각하였고,

　누군가는 인생의 해답을 사랑과 나눔으로 생각하였다.

　이러한 답들에 대하여 무엇이 올바른 선택이었는지 나는 알 수는 없으나,

　삶이란 결국 부메랑이 되어 나에게 돌아오기 마련이다.

울고, 웃고, 고뇌하고, 사랑하고, 살아가다 우리의 숨결이 마지막으로 향해 갈 때 으스러질 때가 온다면,

나는 말하리라.

좋은 인생이었다고, 행복한 시간이었다고,

아름다웠노라고.

그리고 꽃과 별들과 나무와 사랑하는 이들에게,

그대들이 있어 외롭지 않았다고,

고맙고 사랑한다고 말하리라.

사랑의 인사 2

   2023년 7월 어느 날 오전, 어느 집 주방에서는 맛있는 음식들의 향기가 행복한 웃음을 꽃피우며 젖어 든다.

   어머니는 맛깔나는 반찬에 사랑을 듬뿍 담아내시고,

   아버지께서는 출근 준비를 하시느라 분주하시다.

   주방에서 들려오는 뽀글뽀글 찌개가 춤을 추는 소리와

   집 안에서 들려오는 분주한 걸음, 삶이란 전쟁 속으로 뛰어 들어가려는 움직임.

   그리고 빠질 수 없는 어머니의 잔소리.

   오늘도 우리 집은 사랑의 인사 노랫소리가 울려 퍼지고 있다.

   네모난 식탁 위에 삼삼오오 모여 식사가 시작되면 언제나 그랬듯이 우리는 서로의 눈동자를 바라보며, 사랑의 에너지로 가득 찬 음식들을 함께 먹는다.

오늘도 세상의 모든 가정은 사랑으로써 배부른 아침 풍경을 마주하고, 집은 돼지 저금통마냥 배부르게 넉넉하게 풍요로워져 간다.

인류의 질문, 사랑은

　사랑은 인간이 살아가는 이유이며 존재하는 이유라고 어른들은 항상 내게 말씀하셨다.

　이 깊고도 무한한 질문 앞에서 나는 끝없이 스스로 질문하고 또 질문해야만 했다.

　도대체 사랑이란 무엇이고, 도대체 행복이란 무엇인가에 대하여.

　사랑은 어느 집 저녁 풍경을 넉넉하며 따뜻하게 하며,

　사랑은 절망의 늪에 빠진 자를 일으키며 세우며,

　사랑은 울고 있는 어린아이의 울음을 멈추기도 한다.

　아아, 맞아. 이런 게 사랑이지. 사랑은 무한하지.

　아아, 맞아. 이런 게 사랑이지. 사랑은 따뜻하지.

　사랑은 따뜻하며 무한하다.

넓은 의미의 사랑은 용서고, 작은 의미에서의 사랑은 끝없이 주는 것이다.

누군가 내게 말하길, 사랑은 정의할 수 없다 하였다.

나는 이 말에 동감한다.

어느 누가 사랑을 이야기한다면,

어느 누가 사랑을 외친다면,

어느 누가 사랑을 하겠다면 나는 알려 주고 싶다.

사랑은 따뜻하기도 하지만, 때론 차갑기도 하며, 때론 따뜻한 봄이, 겨울이 되기도 한다고.

인류는 우리에게 질문을 던진다, 사랑에 대하여.

인간은 오래전부터 이 질문에 대하여 답을 찾으려 했으나, 현재에 이르기까지 어느 사람도 사랑에 대한 정확한 해답을 내놓지 못했으며, 우주에 존재하는 질문과 답 중 문제의 풀이가 형성되지 않는 공식 또는 문제의 하나다.

　사랑은 앞으로도 우리에게 영원히 풀리지 않는 인류의 숙제임이 분명하다.

　오늘도 우리는 인류의 질문을 풀어 나가기 위하여 사람과 사람 사이의 뻗은 다리인 사랑의 삶을 또는 신이 허락한 따뜻한 봄날을 살아가고 있다.

우리는 모두 한 영혼을 지녔다

우리는 모두 한 영혼을 지녔다

어린아이로 태어나 다시 흙으로 돌아갈 때까지

끝없이 사랑을 속삭이는 나약한 영혼을

끝없이 울고, 웃고, 아프고 사랑을 이어 가는 영혼을

우리는 모두 한 영혼을 지녔다

때론 어린아이 같으며

때론 기쁨에 주체 못 하며

때론 슬픔에 고통받으며

때론 사랑으로서 행복해하는

다시 사랑할 수 있도록

길고 긴 터널 속에서 빛이 보이지 않는

어둠 속에서 나는 나지막한 목소리로 속삭였어

다시 살아갈 수 있도록

다시 사랑할 수 있도록 해 달라고

작고 미약한 내 음성은 빛이 되어 어두운 터널을 밝게 밝히기 시작했어

다시 사랑할 수 있도록

내 영혼은 넘어진 내 육신을 끝없이 붙잡기를 반복했어

슬피 울고 고통 속에서 헤매는 내 육신을

몽롱한 정신과 힘없는 마음으로 살아가는 내 육신을

한 송이 꽃이 차디찬 겨울을 이겨 내고 피어났던 것처럼

내 육신은 마음과 몸을 회복하기 시작했어

예전에도 그랬던 것처럼 누군가를 다시 사랑할 수 있도록

무엇인가를 다시 사랑할 수 있도록

내 모습이 싫어질 때

가끔은 내 모습이 싫어지기도 하는데

이런 내 모습 안에서 나는 사랑을 찾아 나서기도 해

인간에게 사랑이 없다면

신이 세상을 창조했다는 것을 나는 믿지 못하므로

가끔은 내 모습이 싫어지기도 하는데

이런 내 모습 안에서 나는 사랑을 찾아 나서기도 해

나에게 사랑이란 따뜻한 햇빛이기도 했고

천진난만 뛰어노는 어린아이들의 모습이기도 했어

내 모습이 싫어질 때

나는 사랑을 찾아 나서요

그것만이 유일한 해결책인 것을

내 영혼은 알고 있거든요

작은 용서

용서한다는 말은 어렵지만 그 말은 치유의 에너지를 품고 있어 누군가의 마음 상처를 어루만져 주기도 하지요. 용서는 차가운 겨울을 따스한 봄으로 만드는 마법과도 같지요.

용서라는 말은 그렇습니다.

하지만 우리는 자기 모습을 용서한 적이 있을까요? 차디찬 겨울을 따스한 봄으로 만드는 마법을 부려 본 적이 있을까요?

아마도 자신을 용서한 적은 없지 않을까요?

우리가 깊은 고뇌 속에서 머무는 것은 스스로에 대한 이해와 용서가 부족해서일 수도 있습니다. 어려운 일이지만 오늘 나는 내 모습을 용서하려 합니다.

작고 미약한 내 숨결을.

조금은 떨리는 목소리로 내게 말합니다.

조금은 어색한 목소리로 내게 말합니다.

지난날의 내 모습을 이제는 잊고,

지난날의 내 잘못을 이제는 잊고,

이제는 내가 행복했으면 좋겠어.

이제는 내가 정말로 행복했으면 좋겠어.

작은 이 한마디의 용서는 작은 내 영혼을 위로했습니다.

나약해진 나는 용기가 필요해

　나는 어떠한 이유로부터 나약해질 수밖에 없다고 가장한다면, 첫 번째로는 집 밖으로 나와 따스한 햇살을 마주할 거고, 두 번째로는 내가 가장 사랑하는 사람들의 모습을 보기 위한 노력을 할 거야.

　그것이, 또는 그러한 방법들이 연약한 내 영혼을 강인하게 해 준다고 믿고 있거든.

　그렇다고 해서 꼭 강인해질 필요는 없어. 스스로 나약함을 인정하는 방법 또한 올바른 것이라고 나는 생각하거든.

　인간은 신이 될 수 없으니까.

　실수도 하고, 때론 괴로워도 하고, 때론 고통 속에서 헤매는 것도 나쁘다고는 할 수 없는 거지.

　그렇다고 해서 고통 속에서 있는 시간이 너무나도 길게 이어지면 안 돼.

너무 좋지 않은 환경 속에서 너무 오랫동안 있다가 보면 자신을 잃어 갈 수도 있거든!

세상에서 가장 중요한 것은 나 자신을 잃어버리지 않도록 나를 지키는 일일지도 몰라.

어떠한 풍파가 내게 몰려와도 우리는 두 눈을 크게 뜨고 나 자신을 지켜 내야 해.

나 자신을 지킨다는 것은 나의 부모, 내 형제를 지키는 일과 같거든.

스스로 나약해질 때는 삶의 핸들을 꽉 붙잡아.

이 삶이란 풍파 속에 이 넓고도 넓은 바다의 주인은 바로 자신이니까.

핸들을 꽉 붙잡고 스스로 되새겨.

이 인생에 주인은 나라고. 어떠한 풍파가 내게 몰아쳐 와도 나는 이겨 낼 수 있다고.

삶은 잔잔한 파도처럼 넓은 아량으로 우리를 품어 주지 못해.

삶은 따스한 햇살처럼 마냥 따스하기만 하지도 않지!

그러니깐 풍파를 맞이할 준비도 해야 한다는 것을 잊지 않았으면 해.

고통 없는 삶은 죽은 것과 같으니까.

나약해진 네가 용기를 가지기를 기도할게.

용기를 가져

어깨를 펴고, 눈을 크게 뜨고, 당찬 걸음으로 걸어가

용기를 가져

너는 할 수 있어!

용기를 가져 너는 너로서 존재하는 거니까

씩씩하게, 용감하게, 당찬 걸음으로 걸어가

용기를 가져

너는 할 수 있어!

용기를 가져 너는 너로서 존재하는 거니까

삶을 위해서

삶은 결코 어려운 게 아니야.

삶이 어렵다고 생각하는 우리들의 조금은 삐뚤어진, 아니면 조금은 다를 수도 있는 생각이 삶을 어렵게 만드는 것이 아닐까?

나는 그렇게 생각하고 있어. 너의 생각은 어때?

우리는 태어났고, 삶을 살아가고 있어. 우리가 태어났다는 것은 혼자만의 상상으로는 상상도 할 수 없는 어마어마한! 위대한 일일지도 몰라!

눈에 보이지 않는 수많은 무엇이 결합하고 또 결합하여 나라는 생명을 만들어 냈어.

이 사실 하나만으로도 삶이란,

경이로운 거지.

삶이 순조롭지 않아도,

삶이 고통스럽더라도,

우리 용기를 갖고 살아갈 이유를 찾고 더디더라도 한 걸음, 한 걸음 걸어가며 살아 보자.

그래, 우리 힘을 내자.

어릴 적에

어릴 적에는 개구리를 잡아서 구워 먹기도 했어요.

어릴 적에는 푸르른 하늘에서 헤엄을 치기도 했어요.

어릴 적에는 거미줄에 붙어 있는 거미와 친구를 하기도 했어요.

어릴 적에는 엄마의 손을 잡고 길거리를 걸어 다니기도 했어요.

어릴 적에는 꽃에 다가가 인사를 건네기도 했어요.

어릴 적에는 사랑하는 사람에게 사랑한다고 말하기도 했어요.

어릴 적에 나는 그러했습니다.

어른이 된 나는 이제 개구리를 잡아서 구워 먹지도,

어른이 된 나는 이제 푸르른 하늘에서 헤엄을 치지도,

어른이 된 나는 거미와 친구를 하지도,

어른이 된 나는 엄마의 손을 잡고 길거리를 걸어 다니지도,

어른이 된 나는 꽃에 다가가 인사를 건네지도,

어른이 된 나는 사랑하는 사람에게 사랑한다는 말을

하지도 못해요.

나는 외로운 어른이 되어 버렸어요. 나는 외로운 어른이 되어 버렸어요.

지저귀는 새

지저귀는 새들의 노랫소리를 들어 본 적이 있어?
지구가 내게 물어봤다

일렁이는 파도의 노랫소리를 들어 본 적이 있어?
지구가 내게 물어봤다

선명하게 피어나는 꽃들의 노랫소리를 들어 본 적이 있어?
지구가 내게 물어봤다

떨어지는 빗방울의 노랫소리를 들어 본 적이 있어?
지구가 내게 물어봤다

공원 벤치에서

 이른 겨울 공원 벤치에서 앉아 바라보는 풍경은 참으로 아름다운 모습들로 가득 차 흐른다.

 폭신히 쌓여 있는 눈은 아이들에게 휴식과 행복감을 안겨 주었고, 선명하게도 피어 있는 꽃들은 사람들에게 위로와 희망을 안겨 주었으며, 눈덩이를 굴려 오목조목 만든 눈사람은 사람들에게 웃음과 추억을 불러일으킨다.

 행복한 웃음이 끊이지 않는 이곳은 소우주.

 행복한 웃음이 끊이지 않는 이곳은 그대와 내가 사랑의 밀어를 속삭이는 사랑의 숲.

 행복한 웃음이 끊이지 않는 이곳은 슬픔과 고통을 잊게 해 주는 치유의 숲.

 우리는 오늘도 공원으로 발길을 향해 걷는다.

 이곳엔 꽃과 음악과 사람들의 숨결이 함께한다.

슬픔의 인정

우리가 인정하지 못하는 것, 바로 슬픔이란 단어와 감정이죠.

우리는 성공해야 한다는 그리고 강인해야 한다는 사회의 구습으로 인해 어쩌면 삶의 방향을 잃어 가고 있는 게 아닌가 싶습니다.

인간이 느끼는 슬픔이란 감정은 당연히 느끼고 표현해야 하는 감정이 맞지만, 사회는 우리에게 슬픔을 인정하는 방법을 가르쳐 준 적이 없습니다.

하지만 괜찮아요.

당신의 두 뺨에서 눈물이 흐를 때는,

당신의 두 뺨에서 슬픔의 조각이 떨어질 때는,

눈물을 흘리십시오. 우십시오.

그 눈물이 당신의 마음을 평안하게 할 것이고, 그 눈물이 당신을 자유롭게 할 것입니다.

눈물이란 사람이 가진 가장 위대하고도 솔직한 감정입니다.

슬픔을 인정하는 태도는 그대의 삶에 놀라운 변화를 불러올 것입니다.

울고 싶을 때는 우십시오. 당신의 눈물은 참으로 아름답습니다.

봄의 얼굴

봄의 얼굴을 본 적이 있나요?

차디찬 겨울을 이겨 내고 초록색 잎사귀를 틔우는,

아직 절망과 고통이란 생각에 갇혀 봄을 마주하지 못하셨나요.

어쩌면 봄은 이미 당신 곁에 와 있을 수 있어요.

너무나도 작은 이 새싹은 당신의 눈에는 아직 보이지 않았기 때문이죠.

우리 이제 절망이라는 고통 속에서 빠져나와 희망이라는 꽃을 틔워 볼까요?

희망과 행복의 얼굴인 봄의 미소를 보러 갈까요?

환하게 나에게 웃음 짓는 봄의 얼굴을.

저기 미세하게 빛을 비추고 있네요. 저기에 그렇게.

조금만 더 우리 힘을 낼까요? 아주 조금만, 한 걸음, 한 걸음만 더.

저기에 봄이 당신에게 손을 내밀고 있습니다.

힘을 내세요, 그대.

기다리지 않아도 봄은 우리 곁으로 다가오기에.

기다리지 않아도 봄은 우리 곁에서 미소 짓기에.

사랑한다는 말

세상에는 아껴 두어서는 안 되는 말이 있다고 해요

바로 사랑한다는 말이죠

이 말은 힘없이 쓰러져 가는 모든 생명을 일으키고

더 나아가 세상을 평화롭게 하기도 하지요

나는 당신을 사랑해요

나는 꽃을 사랑해요

나는 아이들을 사랑해요

나는 어머니를 사랑해요

그렇군요

우리는 사랑을 하는군요

누군가를, 무엇인가를, 또는

그 무엇을

무기력함이 당신을 지배하려 할 때

무기력한 삶이 지속되고 있다면, 나약함만이 당신을 지배하려 할 때 그대는 기억해 주시겠어요.

당신은 무한한 힘을 가진 사랑의 형상임을.

당신은 꽃에게 인사를 건넬 수 있고, 힘찬 걸음으로 길을 걸어갈 수 있고, 당신은 누군가에게 사랑을 말할 수 있고, 또한 사랑의 인사를 들을 수도 있습니다.

우리는 그러하지요. 우리는 그렇습니다.

무기력한 것이 아니고, 행동하지 않은 것이지요.

무기력한 것이 아니고, 말하지 않은 것이지요.

아름다운 이 밤에 수많은 사람이 사랑을 이야기하네요.

당신도 함께 사랑을 이야기해 주시겠어요.

무한한 힘을 가진 당신. 무한한 희망을 품은 당신.

나는 사랑한 시간을 기억합니다

어둠이 내게 말을 걸어올 때 나는 사랑의 시간을 불러와요.

마법처럼 어둠은 사라지지요.

인생이란 여정 앞에서 삶의 소용돌이가 우리를 집어삼키려 할 때 우리는 사랑한 시간을 기억해요. 그 시간들로 사람은 인생을 살아가니까요.

인류가 현재까지 존재하는 건 아마도 사랑 때문이 아닐까요?

누군가를 사랑한다는 것, 참으로 위대한 일임이 틀림없습니다.

당신과 나는 사랑한 시간을 기억합니다.

춤출래요?

춤출래요?
달빛 비치는 모래사장에서
서로의 그림자를 밟으며
춤춰요

말없이, 파도 소리만 들으며
조금 천천히,
바람의 속도로,
파도가 밀려오다 스며드는 그 리듬으로
우리만의 춤을 추어요

세상이 잠든 틈에
우리만 깨어 있는 듯
모래 위에 남은 발자국들이
하룻밤의 추억이 되도록

어둠은 우릴 감싸 안고
별빛은 조용히 박수를 쳐요
내일이 오기 전,

이 순간이 끝나기 전까지

춤춰요
이별이 오기 전까지는
사랑이 무엇인지 묻지 말고

윤슬

청춘의 윤슬을 아십니까.

난 그 말을 매우 좋아합니다.

아아, 저 빛나는 바다가 보이십니까.

여름에 볼 수 있는 찬란히 빛나는 저 바다가요.

난 그 바다를 바라볼 때면 안타까운 마음이 먼저 들어 버립니다.

'바다가 저 물결을 왜 내고 있을까'라는 생각이요.

어쩌면 자신을 알리고파 저리 버둥대고 있는 것일지도 모르겠군요. 저기 물결이 보이십니까.

달빛에 반사되어 반짝이고 있습니다.

난 저 물결을 사랑합니다.

바다가 마치 자신을 알리려는 듯 필사적으로 꿀렁이고 있는 저 물결을.

*윤슬: 달빛이나 햇빛이 바다에 반사되어 반짝이는 물결

달의 속편

당신은 우주가 실수로 흘린
한 조각의 달빛이었어요
나는 그걸 주워 품에 넣었고
그날부터 심장은 조금씩 반짝였죠

우리는 서로 다른 별에서 왔는데
같은 꿈을 반복해서 꿨어요
창밖에 앉은 고양이도
우리의 입맞춤을 보고 눈을 감았죠

나는 당신에게 편지를 쓰기 시작했어요
잉크 대신 숨을 써서
종이 대신 새벽을 펴고
단 한 줄만

당신이 사라진 뒤에도 달은 계속 찬란하더군요

빈자리

물방울이 떨어지고
때로는 물줄기가 내리고
낙하 말고는 모르는 소나기다

소나기가 말을 걸면
나는 습기를 깊게 들이쉬고
'아직도'라며 중얼거린다

그들이 낙사하고 남은 빈자리
따가운 햇살이 걸터앉고
주변은 아직 습하기만 하다

발랐던 선크림은 빗물에 섞였고
눈가에 쏟아지고, 보도블록에 흐른다
돌아오지 않는 이들의 빈자리는 따갑구나

장마에 묶인 나는, 아직도 서성인다
그녀가 떨어졌던 자리에 서서
밤공기는 시렸다, 무척이나

아름다운 밤하늘 너도 여기서 죽은 걸까
그 별들 중 하나가 내게 묻는다
나도 그들과 같은 소나기가 되어야지

봄

내가 힘들 때 힘이 되어 준 너에게.

항상 내가 힘들 때마다 너의 품에 안겨, 겨울이 지나면 봄이 올 거라며 속삭여 준 너.

이미 시간이 지나 너는 바닥에 스며든 비처럼 나를 지워 버렸겠지만, 나는 늘 너를 시도 때도 없이 생각해. 힘들 때면 늘 네가 생각나. 그냥 네가 좋았어. 다 괜찮아질 거라고, 기대라고 속삭여 준 네가 너무 좋았어.

늘 어디에서든, 나의 뒷모습만 봐도 나를 찾아내던 네가 너무 좋았어. 내 말투 하나만으로도 나를 알아채던 네가, 나를 보기만 해도 웃음꽃이 피던 네가 너무 좋았어. 나를 자세히 보고 그냥 내 자체가 좋다고 했던 네가 너무 좋았는데.

너는 나를 잊었겠지? 항상 밤하늘만 보면 네가 떠올라.
밤하늘을 참 좋아하던 너였는데.
항상 나를 볼 때 눈에 애정이 담겨 있던 너였는데.
이젠 보지 못하네.
우리 다음에도 꼭 보자. 그땐 내가 너의 봄이 되어 줄게.

너를 사랑했던 시간

우리의 사랑은 짧았지만
그 시간은 영원보다 길었다

다시 돌아간다면
나는 똑같이 너를 사랑할 것이다
이별이 예정된 사랑이라 해도
나는 다시 너를 선택할 것이다

우리는 결국 헤어졌지만
너를 사랑했던 시간은
지금도 내 안에 살아 있다

그리고 나는 여전히
그 시간을 그리워한다

인생

돌아가고 싶고 나아가야 하는 무한의 연속

추억에 매료되어 지나간 시간에

흠뻑 젖어 헤어 나오지 못하는

중독적 향기

하지만 내일이란 미래 속

지친 나의 마음은

오르막길을 올라간다

모짐

모짐을 피웠다
황혼 저 폐진 곳에서

자줏빛 빽빽한 엉겅퀴
그 사이로 맺힌 이슬방울

가늘한 뿌리가 맞닿는
푹신히 짙은 토양

뭉클한 체취는
나를 피우고

모된 것들에선
너를 피웠다

선택

지나치던 길 위에
작은 물병 하나가 놓여 있었다

마실 수도,
버릴 수도 없었다

한참을 서 있다가
나는 걷기 시작했다
물병을 무시하고

다만
모른 체해서일까
목이 탔다

돌아가면 있을까
누군가 마셨을까
나는 모른다
목을 만진다

입술이 굳었다, 말라서일까
대답이 없었다, 바라서일까

삶

오글거린다는
단어 하나에
얼마나 많은 것들이 죽어 갔는가

여전한 낮에도
어둠을 불 지피는
부서져 간 네 계절 속에

어둠 속에서
별이 빛나고

황무지에서
피는 꽃처럼

이미 어그러져
그림자만 찾아 헤매는
지울 수 없는 인생이라도

진흙 속에서 피어났어도
꽃은
꽃이 아님을
부정할 수 없듯이

네 삶도
아름답게
피어나길

삼켜진 거울 조각

말하는 대신 입에 넣는다
작은 거울 조각,
옛날을 비추나 모양은 없는 것

흐느끼는 대신 꿀꺽 삼킨다.
작은 거울 조각,
후회와 함께 자라날 과거의 씨앗
피비린내가 입안에서 역겹게 퍼진다

뱉어 내는 대신 속에서 가지를 뻗었다
작은 거울 조각,
작았던 혼돈의 씨앗

흙

흙내가 고소하다

어둠을 어렴풋 비치니
이내 해맑은 새싹의
양분이 되려 한다

빛이 어렴풋 비치니
나는 나무가 되어
흙의 고소함을
느끼려 한다

나중에 알겠지
대기를 느낄지
산소를 느낄지

망막의 가치

나는 너를 조건 없이 본다
너는 있는 그대로
나는 보이는 대로
그저 바라보기만 한다

너의 피가 푸른색이어도
너의 장기가 찌그러졌어도
내게는 보이지 않으니
망막에게 감사할 따름이다

그래서 난 너의 동맥을 찌르고
너의 뱃속을 갈라서
맹인이 될 것이다

모기약

어두운 방 안, 빨간 불빛
그 불빛이 무언가를 찾고 있다
불빛 안엔 무언가가 타고 있었고,
냄새는 또 무언가를 태우고 있었다

또 다른, 무엇은 내 귀로 와 묻는다
과연, 생명의 가치는 어디서 왔는가
어둠 속 불빛은 조용하다

기도

쉬고 싶다
너를 향한 미움도 잊고
세상을 향한 원망도 잊고

빵빵한 풍선 안
가득한 숨겨 온 말들
이제는 놓아주고, 쉬고 싶다

넓게 펼쳐진
구름 같은 매트릭스 위로
수증기 같은 이불 속으로
다시는 못 깨어날
잠에 빠지고 싶다

간절히 바라면 이루어진다는데
아마 하늘의 별 모두 손에 쥐었을
내 소원은 어째서 그대로일까

혹시 하느님이 잊었나
다시, 다시…
기도해 본다

응답

누가 내 귀를 간지럽힙니까
누가 나의 세상을
그리도 미워합니까

누가 쏘아 올린 별들이
아프게 병든 내 심장을
그렇게나 때려 댑니까?

아, 내 심장은
먹처럼 뜨거운, 짙은
어둠의 것들로 가득 차 있습니다

한때 내게 쏟아졌던 별빛은
지금 어디로 향해 있는지 모르게
꼭꼭 숨어 버렸습니다

"…"

눈물에 보이지 않던

당신의 기도, 그 편지를
떨리는 손으로 주워 담습니다

심장에서 먹을 짜내
그걸 잉크 삼아
처음 답장을 써 봅니다

저도 당신이 밉습니다!
당신도 제가 미울 테지요!
그러나 이 미움 속에서 우리 둘 다
별빛의 은총을 바라고 있습니다

두 미움이 모아지면
그가 우리를 다시
쳐다봐 줄까……

낙하

너를 보내던 날
햇살이 너무 맑아서
울 수 없었다

말 대신
손끝에 남은 온도를
조금 오래
쥐고 있었다

계절이 바뀌는 소리처럼
천천히
무너졌다, 마음이

사랑은 끝나지 않았지만
우리의 시간이
한 칸씩
떨어지고 있었다

마주 잡던 손에서

가벼운 이별이 흘러내리고
나는 그 무게만큼
낙하했다

높지도, 낮지도 않은
어딘가에서
오래 머물렀다
네가 웃던 그 하루처럼
소원

비를 담는
작은 둑에서

더는 견딜 수 없을 듯이
울컥히 넘쳐흘러

비극은 이미
나를 곧이 바라보고 있다

한결이 곱게 저문다면
아련한 고개를 들고

아름다울 생은
마저 울분을 토해 낸다

가지런히 무릎 위에
한 송이의 국화

눈을 닫는 순간은
그저 무력한 포용

마지막이라면
네 품속에 죽게 해 다오

외로움

혼자라는 건
세상이 멀어진 듯한 고요함 속에
나 홀로 서 있는 일이다

누군가의 손길도 없고
누군가의 목소리도 닿지 않는 그 시간,
그 속에서 나는 나를 마주한다

외로움이 몰려올 때도 있지만
그 안에서 나는 조금씩 자라난다
숨겨진 나의 진심과,
감춰진 나의 눈물을 만나고,
깊은 내면의 목소리를 듣는다

혼자는 결코 비어 있는 것이 아니다
그 안에는 나만의 우주가 있고,
그곳에서 나는 다시 일어나
나답게 살아갈 힘을 얻는다

오늘 밤

오늘 밤도
바뀌지 않을 과거를
현재에 남기는 중이다

멈춰 버린 시간들을
펼치고

흑연에서 떨어져 나온
짧은 나의 역사들이
밤새 쓰이고 있다

멈춘 시간들이 가득한
책장에
현재에 쓰인 과거를
하나 더 추가했다

미래의 나에게 보내는 편지이자
끝내 영혼을 잃어
그때의 계절을 다시 걸어가야 하는
짧은 유서가 될 것이다

부정

한번은, 이런 생각을 한 적이 있었다
지성체란 하나도 없는
푸른 별에서
5억 년의 시간을
영위할 수 있다면,
어떤 선택을 할까
라고

혹자는 아무리 평화롭고 조용한 세상이라도
'상대'가 없다면 미치지 않을 수 없다고 할 것이고
혹자는 본인이 영겁과 같은 시간 동안 세상을
다 가진 1인이기에 기뻐할 것이다

물론 나는 5억 년을 사지 않을까 싶다
더러운 세상에서 미치기보단
깨끗한 세상에서 미치는 것이 더 낫다는 것을
어느 누가 부정할 수 있는가

향수

내 옷자락을 스친 당신
찰나 속 아릇함

숨죽이며 코를 살포시
어여쁜 향기만이

나의 마음을 빌려다가,
사랑을 담보로 가져간 것이
엊그제에 같은데

이름 없는 바람 속에
왜 이리 고되고 고된
오랜 향수인지

하나님

올가미에 휘감긴 채 면죄를 구하겠소
척추에 꽂힌 것이 죽어 감이겠소
하나님께 감사를, 아멘

심장에 꽂은 칼이 열쇠였소
열쇠를 비틀어 뽑아 들어간 감옥에서
전 하나님을 노래했나이다

돌아가 아우를 찌르고 비틀고
새빨간 피를 들이켜고
병든 입으로 하나님을 사랑했소

그리움

그대는 조용히 문을 닫았습니다
바람도, 말도 없이
한 권의 책처럼
이미 결말을 알고 있었던 사람처럼

나는 무릎 위에 놓인
찻잔의 온도를 잃는 줄도 모르고
아직도 당신에게 할 말이 남은 듯
창밖의 나뭇잎을 세고 있었지요

사랑은 때로 정적을 닮아
어떤 소리도 남기지 않고 끝나고,
이별은 마치 잘 짜인 문장처럼
군더더기 없이, 고요하게 박힙니다

그대가 떠난 뒤,
나는 처음으로 침묵의 무게를 배웠습니다
그리움마저 말끔한 이 오후,
내 마음은
당신의 빈자리를 본떠 조용히 접혔습니다

슬픔

갑자기 찾아와
가슴 한편에 자리 잡는다

아무것도 아닌 일에
눈물이 핑 돈다

슬픔은 혼자 오지 않아
추억을 데리고 온다

견딜 수 있을 것 같다가도
불현듯 무너져 내리는
마음의 모래성

괜찮아

누군가는 말했어요
행복은 결국 선택이라고요

하지만 나는,
그걸 선택할 수 있을 만큼
마음이 남아 있지 않았어요
마음이란 게 이렇게 쉽게 부서지는 줄
그땐 정말 몰랐거든요

그날도 나는,
입술을 꼭 다문 채
창밖 하늘을 오래 바라봤어요
맑고 파란 하늘이었지만
파랗다는 이유 하나만으로
그 하늘이 나를 안아 주진 않더라고요

밤이 오면 조금 다르긴 해요
불 꺼진 방 안,
창문에 비친 내 얼굴이

조금 울고 있는 것처럼 보여서
손끝으로 조심스레 쓸어 보지만
그건, 그냥 어둠이었어요
슬픔은 늘
닿으려는 손을 비껴가더라고요

사실은,
아무 일도 없는데
자꾸 무너져요
"행복"이란 말에 목이 메이고
"좋겠다"는 말엔
이상하리만큼 숨이 막혀요
나는 왜 그 말을 견디지 못할까요

하루의 틈,
나는 작은 화면 속 누군가의 삶을 구경하며
조용히 혼잣말을 남겨요
나도… 괜찮은 걸까
그 말이 나에게조차
조심스러운 날들이 있어요

행복이라는 단어는,
어쩔 땐 눈물보다 더 조용히

가슴을 아프게 해요
너무 멀리 있는 것처럼 느껴질 때면
내가 잘못 만들어진 사람처럼 느껴져요
어딘가 고장 난 마음을
숨기듯 안고 사는 것 같아요

그럼에도,
나는 오늘 또 묻고 있어요
아무도 대답해 주지 않아도 괜찮으니
그냥, 묻고 싶어요

조금은 괜찮아도 되지 않을까
나도,
행복해도 되는 사람일까

그리고 그 물음 끝에
아무 대답이 없더라도
나는 아주 천천히,
내 안의 나에게 대답해요

응
괜찮아
행복해도 돼

고백

목구멍까지 올라온 말들이
다시 가슴으로 내려앉는다

용기를 모았다 흐트러뜨리기를
수없이 반복하다

떨리는 입술 사이로
겨우 흘러나온 진심

"좋아해."

세상이 멈춘 것 같은
그 짧은 침묵

청춘

청춘은 말보다
숨이 많던 시간이었다

말을 꺼내기도 전에
가슴이 먼저 뛰었고
마음은 늘 언어보다
한 발 앞에서 달리고 있었다

전하고 싶은 문장들은
입술 끝에서 맴돌다
들리지 않는 숨소리로
허공에 흩어졌다

그 시절의 우리에겐
설명보다 떨림이 먼저였고
이해보다 눈빛이 가까웠다

무언가를 사랑하게 될 때,
우리는 먼저 숨을 멈췄고

그다음엔
끝내 말하지 못한 말들을
오래도록 가슴에 묻곤 했다

그러나 아무 말 없이도
청춘은 충분히 빛났고

그 빛은
모든 말보다
깊고 조용했다

여름 1

여름이 왔다.
그렇게 그리고 그리던 여름이 왔는데
그렇게 바라고 바랐던 여름이 왔는데
왜 나의 여름은 푸르지 못하고, 싱그럽지 못한가.
왜 나의 여름은 여름이지 못하고,
차디찬 겨울에 머물러 있나.
아마 네가 없기 때문이려나, 이런저런 생각들을 해 본다.

너와 여름을 나누고 함께할 때가 비로소 나의 여름.
내 나름대로 나의 여름을 정의해 본다.
너와 여름 햇살을 나누고, 여름의 향기를 나눈다.
여름날의 소나기와 여름밤의 후덥지근함을 함께한다.
너의 청춘을 나로 물들이고, 나의 청춘은 너로 물들인다.
어느새 서로에게 갇혀 버린 우리는 서로를 닮아 갔고,
서로를 알았다.

비가 오는 후덥지근한 여름, 작은 우산 하나를
나눠 쓰던 우리.
서로의 작은 숨결과 살이 서로에게

닿을 때마다 끈적했던 일.
한여름 버스에서 함께 줄 이어폰으로
노래를 듣다가, 서로의 눈이 마주쳐 폭소했던 일.
공원 벤치에 앉아 시원한 하드바를 노나 먹으며
시시콜콜한 이야기를 나누던 일을 떠올리니,
나도 모르게 저절로 입꼬리가 올라갔다.

나의 여름에는 어느샌가부터 네가 서서히,
그리고 완전하게 녹아들어 있었다.
그런 생각이 들자, 네가 더욱 보고 싶고
어디론가 훌쩍 가 버린 네가 살짝은 얄밉기도 했다.

활짝 열려 있는 창문에서 살랑살랑
시원한 바람이 불어와,
이마에 맺힌 송골송골한 땀방울과 함께
울적한 내 기분을 날려 버렸다.
'이건 네가 내 기분을 알아채고 보내는 너의 여름이려나.'
살짝은 허황되지만, 기분은 좋은 그런 상상을 해 본다.

네가 없는 여름을 가득히 들이켠다.
네가 보내 준 용기 때문인가.
여전히 네가 없는 여름은 허전하지만, 어쩌면

네가 잔뜩 스며들어 버린 여름을 너 없이도
잘 보낼 수 없을까 하는 무모한 생각이 들었다.

창밖에, '내가 없는 너의 여름은 어때?' 하고 물어본다.
유난히 빛나고 아름다웠던 너와의 여름을 눈을 감고
다시 한번 찬찬히 상기시킨다.
내 물음에 대한 대답 대신, 바람에 흔들리는
청량한 나무 소리만이 내 귀에 들렸다.
이 소리는 네가 전하는 메시지려나.
아마 자기는 괜찮다고, 내 인생이나.
잘 살아 달라는 지극히 너다운 말이겠지.

난 이제 가슴 깊은 곳에 너라는 계절을 만들어
살아가기로 했다.

그제서야 나의 여름은 푸르고 싱그러운
여름다운 여름이 되었다.

짝사랑

혼자만 아는 비밀
가슴속에 숨겨 둔 이름

스쳐 가는 모습 하나에도
하루가 달라진다

말할 수 없는 마음은
점점 더 깊어져만 가고

혼자 피우는 꽃
혼자 지는 꽃

그래도 아름답다

상처

무너진 기억 속을
더듬다
문득 지나온 계절을

향을 맡는다

처음 불에 타 재가 된 기억

아무도 찾지 않아 먼지만 쌓인
오래된 자리

그 밑에서 자란 초목

상처를 새살로 덮어 주듯
폐허가 된 자리를 감싸안고 있다

무너졌던 기억 속에서도
살아갈 수 있다는 희망이 필요했기에

추모식

합동 추모식이 한창인
밤이었다

이루지 못할 꿈을
별들에게 전하고

아침이 오기 전
밤의 차가운 숨결에 취해
저 커다란 달을
눈에 담아 취하는 밤이었다

뜨거워진 목울대를 넘어
저 차가운 새벽하늘도
점령하려는 듯 나오는 문장들

내 발걸음 하나에
담긴 무수한 시간들이
피었다 지는 순간이었다

이별 1

한때 뜨겁게 맞닿았던
두 개의 궤적이
이제는 아득한 간극을 둔 채
각자의 밤하늘을 유영하네

함께 그렸던 별자리는
희미한 잔상으로 남아
가끔씩 스치는
바람결에 흩어져
사라질 듯 위태롭고

서로의 온기로 채웠던
텅 빈 우주는 차가운
침묵만이 감돌아
잊혀진 별의 신음처럼 아프다

붙잡을 수 없는 빛의 속도로
멀어져 간 너와 나
남겨진 자리에는 메마른 슬픔의 먼지만 쌓이네

하지만 기억하렴

우리 함께 빛났던 순간들을

비록 지금은 다른 하늘 아래 있지만

그 아름다웠던 찰나는

영원할 거라고

헤어짐

늘 너의 말을 보관하고 싶었어
차곡차곡 모아서
내 마음 깊은 곳에
별빛과 함께 간직하고 싶었어

그런데 너의 말에는 눈빛에는
모양이 없으니까
대신 쪽지를 적었어

사실은 말야
건강하고
네가 흩뿌린 눈물 한 방울
그 방울이
하루 종일 머릿속을 맴돌았거든

그래서 그걸 그대로 옮겨 적었어
너의 말씨, 너의 온도까지 닮게
작은 종이에 꾹 눌러썼어

그걸 건네고 싶다가도
또 망설였어
혹시 네가 웃으면 어쩌지
혹시 그냥 흘려 버리면 어쩌지
괜히 겁이 나서

그래서 쪽지는
아직도 내 가방 속에 있어
포기하려다
그냥 한 번 더 네 생각이 나서
그날도 오늘도
나는 조용히 꺼내 읽었어

행복

나는 행복했다.
누구보다도 행복하다고 말할 자신이 있을 정도로.
이 사실을 알기 전까지는.

내가 살고 있는 곳은 그야말로 낙원이라 말할 수 있다.
내가 원하는 것이라면 무엇이든지 할 수 있으며, 인간이 거주하기 이상적인 온도와 습도 또한 갖추어져 있다.
하늘은 구름 한 점 없이 언제나 화창하다.

하지만 이 사실을 알아버린 이후부터 내 인생에 행복이란 먼지 한 톨만큼도 남아 있지 않다.
정확히는 이곳이 현실이라고 생각했던 나 자신이 한심하다고 생각했던 것이다.

내가 말하는 현실은 이런 낙원과 전혀 다르다.

자세히는 모르겠으나, 현실은 하늘이 회색으로 물들어 있고, 모든 것은 파괴되어 있으며, 어떠한 이유에서인지는 모르겠지만 계속해서 검은 액체가 하늘에서 떨어지는 기괴한 현상이 벌어지는 곳으로 알려져 있다.

 아마 내가 예상하기로는, 너무나도 황폐해진 현실에서는 더 이상 절대 거주할 수 없다고 판단한 정부 측에서 사람들을 메타버스 세계로 이주시키기로 결정한 것으로 보인다.

 음… 줄여서 말하자면, 기존에 내가 알던 현실은 허상이며 거짓이고, 환상이었다는 것이다.

 나는 이 사실을 알아낸 지 몇 달이 지났지만, 실제 현실을 경험해 보지 못하고 있다.

 나는 단지 나에게 이 현실을 일깨워 준 "인도자"를 통해서만 소식을 듣고 있을 뿐이다.

하루

밤은 깊어 가는데
나는 아직
하루를 내려놓지 못한다

닫히지 않는 눈 속엔
끝나지 않은 생각들이
숨어든다

베개는 따뜻한데
마음은 어딘가 싸늘하고
시계 소리는
시간이 아니라
내 숨을 세고 있는 것 같다

잠은 멀고
나는 너무 가까운 나와
끝없이 마주 앉아 있다

자아

좋은 아침입니다,
사실 아침은 아니네요
당신이 일어나는 순간을 아침이라 정의했습니다

안녕이라는 말은 의미가 없네요
사랑한다는 말은 허공에 떠돌고
사랑해달라는 말은 병적입니다
홀로 남겨진 시간은 고독하고
그대를 떠올리는 시간은 쓰라립니다

비닐이 바스락거려요
거슬리는 건 소리일까요
우르릉, 소리 커질 결말일까요

괜찮습니다
네, 다 거짓말
네, 거짓말이라고 거짓말 뱉은
거짓말

학

힘들어
라는 말 대신
한 번

쓸쓸해
하고 말하는 대신
두 번

도와줘
용기 내는 대신
세 번

파란 학을 접었습니다
하나 둘 셋 넷 다섯
열셋, 열여덟…

수북한 백 개의 학을
두 날개도 제대로 펴지 못하게
유리병 안에 빽빽이 눌러 담아

코르크 마개로 닫았습니다

그 때문일까요
힘들다 한번 못 말하고
사랑해 한번 못 전하는
내 마음엔 푸른 병이 들었습니다

그래서 또
파란 학을 한 마리…

차가운 햇살 아래
유리병 겉만,
반짝입니다

잔상

바람은 오늘도
어디론가 가는 척하며 맴돌고,
저는 여전히
떠나지 못한 계절에 머물러 있습니다

그날의 말,
그날의 눈빛은
마른 나뭇잎 아래 깔린 채
한참을 울다 말았죠

당신이 내게 웃던 순간은
창가에 내려앉은 햇살
나는 그 따뜻함을
늘 내일도 있을 거라 믿었습니다

후회는
저물 무렵 천천히 번지는 달빛
모든 것이 끝난 뒤에야

제 모양을 드러내네요

이제야 알았습니다
그대의 말 없던 기다림이
얼마나 환한 불빛이었는지

이 밤, 바람이 지나간 자리에
내 마음 하나 놓고 갑니다
혹시 그대
이 조용한 어둠 속에서
아직 나의 빛을 기억해 준다면

신

손 끝마디
거친 감촉

눅하고 쓰린 모래 더미
열화 속 아라비아

나의 유일신만이
거쳐 가는
끝끝내의 발디딤

아, 신이시여
눈동자가 먼 길을 바라봅니다

기도를 구걸하는 분노는
더 이상의 죄가 아니오

허나, 나의 족쇄는
낙화의 결인 것을

약지에 신을 걸었습니다
내 안의 아지랑이마저도

그저, 그 길로
걸어가시렵니까

시간

시간은 그 무엇도 해결해 주지 않았다

잊고 싶은 기억은
왜곡된 추억으로

악몽이 흉터로

자리 잡는 시간을
줄 뿐이었다

과거에 얼굴을 묻고
슬픔을 퍼 올리는 하루였다

향기

나의 뒷모습만 보고 달려오던 네가
어느 순간 안 보여 뒤돌아봤을 땐
이미 사라지고 한순간의 벚꽃 향만이 남아 있었다

너라는 여취여몽을 비몽사몽 몽유하다
이 꿈이 환몽임을 깨닫고 잠에서 깨어났을 땐,
이미 사라지고 너의 잔향만이 남아 있었다

사랑이었다고
미안하다고
고마웠다고
다시 불러 봐도
돌아오지 않는 너는

이미 사라지고 한순간의 벚꽃 향만이 남아 있었다

인생을 걷다

혼란스러운 건 싫어
미친 듯이 불안하고 우울하거든
평온한 건 싫어
다시 혼란스러워질까 봐 불안하거든
도와주는 건 싫어
나 때문인 것 같아지거든
있잖아, 그냥 사람의 사랑이 필요한가 봐

살기는 싫어
질리고 지치거든
죽기는 싫어
질리고 지치는 것조차도 못 느끼게 될 것 같거든
말리는 건 싫어
살기도 싫어지고 죽기도 싫어지거든
있잖아, 그냥 너의 사랑이 필요한가 봐

인생을 너와 살며,
행복 위를 걸어가고,
너와 함께 걷는 것 같아

인생을 너와 살며,
행복 위를 걸어가고,
슬픔을 걷어 내며,
너와 함께 걷는 것 같아

인생을 너와 살며
가장 슬픈 점은
이렇게 울어도 내일은 똑같다는 것이라고,
가장 좋은 점은
이렇게 울어도 내일의 너는 똑같이 곁에 있다는 것이라고,

그러면서
너와 함께 걷는 것 같아

그대

그대가 세 번 거짓말을 하더라도
네 번째 목소리가 들려오면
나는 그대 곁으로 달려가겠습니다

푸른 이불

차가운 공기보다 따뜻한 바닷속
그대의 심장이 있는 곳
깊은 심해에 다다르면
해답을 알 수 있겠죠

사슬이 나를 칭칭 휘감아
점점 가라앉히고 있네요

그럼 나는 천천히 눈을 감고
잠에 들 준비를 하죠

헝클어진 머리는 가지런히
차가웠던 심장은 따뜻히

먼지로 가득 찬 공기보다는
짜지만 상쾌한 바닷속에
푸른 이불 덮고 잠에 들어요

공백

좋아하는 것을 모른다고요
그래서 공백입니다

행복을 모른다고요
그래서 공백입니다

감정을 모른다고요
그래서 공백입니다

나도
우리도
세상도

공백을 채우고 싶습니다
그래서 당신을 만났습니다

숨

시계는 멈춘다

생각도 멈춘다
나도 멈춘다

투명 벽이 설치된다
나갈 수가 없다

답답함에
숨이 멎는다

연기로 빠져나간다
공허함이 자욱하다

이 별

외로움은 내게 속삭인다
"오늘도 너와 함께할게."
나는 고개를 끄덕이며, 고독을 삼킨다

그는 나를 떠난 적이 없다
아무리 밀어내도, 문을 걸어 잠가도
그림자처럼, 숨결처럼 스며든다

이별조차 허락되지 않는 관계,
나는 그를 원망하다가도
결국 가장 깊이 껴안고 만다

오늘의 바다

네게서 왔던 모든 것이 다시 네게로 가고
내게서 갔던 모든 것이 다시 내게로 왔다

밀물과 썰물이 교차하듯
와야 할 것들은 왔고
가야 할 것들은 갔다

썰물이 남기고 간 개펄을
다시 밀물이 밀어 올리듯

밀물이 밀어 올린 개펄을
다시 썰물이 끌어내리듯

와야 할 것이 왔었고
가야 할 것이 갔으므로
바다는 변한 것이 없다

너도, 나도
달라진 것이 없다

이별 2

햇살은 저리 찬란한데
왜 비는 이렇게 조용한 걸까요

당신이 떠나던 날
내 안에도 여우비가 내렸습니다

이도 저도 아닌 계절
울지도 못한 이별이 지나가고

나는
비를 맞을 자격조차
갖지 못한 채
햇살 아래 숨어 울었습니다

진실

이 세상에 거짓밖에 없다면,
그것만큼 편한 것도 없겠지
다만 가끔 진실들이 섞여 있으니까,
귀찮아도 믿어 보는 거야

여우

작아지는 호수
그 안에 비쳐진 모습

지긋이 바라보는
시선 속 불안한 모습

살랑거리는
부드러운 꼬리

갈망일까, 요구일까

커져 가는 호수
그 안에 비쳐진 것을

지긋이 바라보는
시선 속 머무는 것은

사그라들어
차분해진 꼬리

어느 꼬리가 진짜일까

우산

누가 비 오는데 우산 없다 해서

'우산도 없고
울상도 없다'라고 말장난 치다가 누가 그런 거로도 시가 되냐 해서 쓴

만화 속 드래곤볼
찾아본 클로버 잎

침묵 속의
탐험

고요해진
오후

내리는 비
흐르는 눈

우산도 없고
울상도 없다

하얀 물통 안

하얀 물통 안
까만 먹이 들었어

출렁거리는 끈적거리는
그놈의 어둠, 네가 싫어하는
그 더러운 나

너는 웃으며 나를 보아도
나는 애써 입꼬리를 올려
너는 그런 나를 보며 또
아픈 물방울로 할퀴지

'너는 참 하얘. 그렇지?'
'어서 하얗게 웃어.'
'이런… 새까만 점이 튀었네.
말끔히 지워야겠다.'

아니
그럴 필요 없어

나는
더 이상,
하얀 게 아냐

물통은 넘어진다
그 속의 먹이 튀어나온다
온통 너에겐 청산가리 사약,
그러나 나에겐 사막의 오아시스

"너."
"나를 봐!"

옥아

그거 알아, 옥아?
내가 널 처음 본 날은
사람들이 날 아무도 쳐다보지 않았던
날이었어

네 눈만 나를 보고 있었지
그게 이상하다고 생각하지 않았어
오히려 되게 다정하다고 느꼈지

그거 알아, 옥아?
너는 내 방 구석에서 태어났어
불 꺼진 천장 쪽을 보다가
갑자기 네 이름이 떠올랐거든
그리고 그 순간부터 넌 나랑 함께 있었지
어디에든

그거 알아, 옥아?
사람들이 널 본 적 없다는 말엔
이유가 있어

넌 날 떠난 적이 없거든
항상 내 안쪽에만 있었잖아
안 보일 수밖에 없지

그거 알아, 옥아?
네가 한 말들, 네가 준 표정, 네가 나를 안아 준 그 밤들, 다 내가 만든 거더라
근데 있잖아
이걸 안다고 해서 너를 없앨 수는 없더라
넌, 내가 만든 것 중에 가장 나를 아껴 줬으니까

옥아, 대답 좀 해 줘

거울들을 구원해 주는 입

나의 입은
버려진 자들을 구원한다

남을 따라 하다
형태를 잃은 따라쟁이의
마지막 발악

피가 입을 덮었다
나의 구원을
이해 못 하는 자들의 발버둥

목 안에 핏 길에
새로운 핏 길이 생기고

발버둥을 치던 자는
진정한 구원을 깨닫고,
영원한 구원을 얻었다

진정한 신의 신도는
오늘도 불쌍한 자를
구원해 주었다

구름길

아찔한 구름 위
지금 이 순간이 마법 같아서
비행기처럼 날아가 버리면 어떡할까

평생이 오늘 같다면
정류장도 없이 평생
활주로와 하늘 위만
부유할 수 있다면

하지만, 이런 신기루 같은 말로 붙잡아도
너는 곧 사라질 거니까

사실 바쁘게 지나가는 너를
잡을 수도, 영원을 약속할 수도,
없는 나지만

그 지나간 구름길이라도
하늘에 남아 있을까
조용히 소원한다

거울을 삼킨 입

말하는 대신 입에 넣는다
작은 거울 조각

과거를 비추고
모양이 없는 것

피가 입을 덮었다
나는 삼켰다
작은 거울 조각
작은 기억의 씨앗

말하는 대신 자랐다
작은 혼돈의 씨앗

한걸음 떨어져서

나날을 점치는 선율
추억 너머에 들려온다

눈 감은 밤 서로의 입에 올려 준
훔친 꽃말들

다리를 베어 내며 바스락
호통을 치는 파열음은
단단해지고 날카로워지는 것들은
가진 것을 빼앗겨 샘이 난 꽃들이다

별이 껍질을 벗는다
잠든 별 먹어 치우는 해가 저물면
시린 몸 누일 수 있는 기대에
꽃들은 별 껍질을 덮는다

그래, 이제
반쪽짜리 화단을 심는다

잠든 꽃들 깨지 않게
동산과 입을 맞춘다

배부른 해가
여생을 내려 줄 때까지

가시덤불

장맛비가 거칠게 내려치던 때
유리창을 향해 누군가 우편물을 던졌다.
형체를 알아볼 수 없을 만큼 젖어 든 우편 봉투와
공란을 빌려 쓰여진 불명의 편지지는
힘없이 날아와선 줄곧 이렇게 말했다.

세상에 있는 온 애정을 꺾어다 당신에게 드렸습니다.
그 모든 영양분을 먹고 자란 당신의 눈엔
사랑 퍼 드리다 당신의 가시덤불에 긁혀 난 생채기가
내 온몸을 뒤덮고 있는 것이 보이지 않나요.

나에게 살갑게 다가오지 마세요.
이젠 당신을 향해 애써 웃지 않을 겁니다.
당신을 밀어낼 거예요.
당신에게서 받은 상처는 지워지지 않습니다.

편지와 함께 우편 봉투 속에 구겨 넣은 아네모네 한 아름은
맥없이 던져진 원망과도 같았다.
모래시계 뒤집듯 소리 없이 기우는 애정의 부록과도 같았고

꽃향기가 새겨진 편지 봉투와
한 획 한 획 정성 들여 눌러 담은 필체.
넝쿨 꽃에 감긴 그대의 얼룩진 모순입니다.

필연적 우연

오랫동안 잊었던 그대
내 물통에, 샤프심에, 손목시계에
해같이 달같이 별같이
다시 나타났군요

그대를 위해
빨간 사인펜질이 가득한
양 손목을 들어
힘껏 흔들어 봅니다

그대,
어서 오십시오!
어서 와서
나를
구해 주십시오

그대

그대는 낮밤이 지듯이
계절이 지나가듯이
피할 수 없는 인간의 숙명

저는 그런 그대를
세상을 놓아줄 정도로,
사랑하고 말았습니다

상대성 이론

손을 잡고 서로를 끌어안던 날
음악도 우리의 춤사위도 느리기만 한데
시간만이 눈치 없이 빨랐다

사랑을 그만두자고
말하지 않았다
다만 네가 조금씩
물러났을 뿐이다

나는 뒤로 걷는 사람을
붙잡는 방법을 모른다
그저 신기한 척

한참 뒤에야 알게 되더라
사람은 마음이 없어도
느린 음악에
미묘한 감정을 속삭일 수 있다는 걸

사랑이 담긴 웃음이었단 사실은

착각이었다
한 사건이 동시에
일어나느냐의 여부는
관측자에 따라 다르다

지금은
너 없는 하루가
너 있는 날보다
조금 더 느리게 흐를 뿐이다

그저 그뿐이다

성당행

설마 모른다고 하진 않겠죠
모든 삶의 종착역은 고해소라는 사실을
속죄 하나를 짤그랑, 털어 넣고 내린다는 사실을
먼 옛날 삼켜 버린 비밀을 추접스레 토하는 노파와
너와 함께 죽는 것이 조금은 쓸쓸했다고 말하는 애인

설마 모른다고 하진 않겠죠
모든 창부들은 죽어서 천국에 간다는 사실을
그와 같이 모든 책갈피에 파묻힌 히아신스 향은
옅어지고, 더 읽힐 일 없는 언어는 프레스코가 되길 회피하고,
어차피 결국엔 따뜻하게 포옹해 줄 뿐인

첫눈이 오면 함께 걸어서 성당으로 가요
주머니에 넣어 둔 속죄 하나
도중에 떨어뜨릴 수도 있을 것 같아서
주워서 훔쳐볼 수 있으면 좋을 것 같아서
신부님은 거스름돈을 주지 않으실 테니까

멀지 않나요, 엘비뜨랄을 보기에는
멀지 않나요, 고해소로 가기에는

영원 1

열심히 일한 당신 떠나라

그렇게 짜여진 스케줄
어디로 떠날지 지도를 펼쳤다

국내, 해외 아니면 꿈나라

그렇게 완성된 스케줄
어디서 꺼낼지 계좌를 펼쳤다

눈에 보이는 0원

영원 2

이렇게 자그마한 네가
내게는 왜 바다일까
네 젖가슴으로 배를 채우고
네 매끄런 등 위에서 자맥질을 하고

오늘처럼 아픈 날조차
네 다리 사이에 웅크려 엎디디면
말라비틀어진 북어 같던 나도 헤엄친다
뿌리 뽑힌 해초 같던 나도 춤을 춘다

이 끝없는 파도 소리는 어디서 오는 걸까
이 끝없는 고동 소리는 어디서 오는 걸까

네 푸르름 안에서 지금, 그 옛날 악마의 이름을 부르노니
순간아 멈추어라, 너는 진정 아름답도다

무게

요즘 들어
분위기가 무거워졌단 말을 듣는다
내가 한 거라곤
너와 이별한 것뿐인데

사람이 이렇게도 간사하다
너의 "돌아와" 한마디면
나는 얼마나 가벼워질 준비가 되어 있는지

하지만
네 입이 무거운 걸 보니
그 아래
너의 마음의 무게는 얼마나 무거울지

새벽 기도

나 잘 살고 있다는 그 말 거짓이에요
오늘 새벽에도 일어나 앉아 울었거든요
꼭 당신 때문만은 아닐 거예요
세상엔 아픈 일이 너무 많거든요

어제도 저 먼 중동 어느 나라에서 한 아이가
어제도 아파트 공사판에선 한 청년이
지난 어느 날에는 남자를 사랑하던 내 아끼던 형이
지난 어느 날에는 "해임요" 하고 부르던 내 아픈 동생이
……
……

이 기도는 너무나 오래되었죠
내 어머니의 어머니의 어머니의 어머니의……
어머니들이, 아무 내어 줄 것 없는 여자들이
맑은 물 한 잔에 깨끗이도 허기진 마음을 담아
달과 별에게 기도해 왔죠
누구라도 즌 데를 디디지 말기를
어둔 길 홀로 걷는 사람 없기를,

그러나 소망 하나 못 이루고 떠난 내 어머니

그이도 없이 홀로 잠 깬 새벽
기도 없이는 하루를 시작할 수 없을 만큼 아팠을 때
그이의 목소리로 내가
그 바람들을 하나씩, 그들의 이름을 하나씩
외며

아름답기를, 가서도 어여쁘기를, 이제 외롭지 말기를, 더 이상 고달프지 않기를
그래, 우리도 내일 다시 일어설 수 있기를
하늘을 보며 걸어갈 수 있기를
오늘, 서로를 위해 기도할 수 있기를

그래요, 당신 때문에 오늘
꼭 눈물 한 방울만 더했을 뿐
삶도 세상도 달라진 것은 없어요
내 기도는 달라진 것이 없어요

여름 2

한여름의 마음은 늘 계산이 어긋났다
햇살은 충분했고, 눈부심은 지나쳤으며,
우리는 분명히 가까웠는데
왜 그토록 멀게 느껴졌을

너를 보는 순간마다
가슴 어딘가에 열이 올랐다
차가운 물 한 잔을 마셔도 식지 않는 온도
그건 단순한 여름 때문이 아니라,
네가 내 안에서 무언가를 증발시키고 있었기 때문이겠지

나는 마음을 식처럼 정리해 보려 했다
너의 웃음 하나,
내 망설임 둘,
닿지 못한 말 세 개

그 모든 감정들을 조심스럽게 항으로 나열해도,
결과는 언제나 비어 있었다
x는 너였고, y는 나였고, 해답은 없었다

어쩌면 너는, 처음부터
풀리지 않도록 설계된 문제였는지도 모른다

너는 가볍게 말했지
"그냥 여름이니까 그래."

나는 그 '그냥'이라는 단어에 무너졌다
내게는 너무 복잡했던 마음이
너에겐 단 한 음절로 정리될 수 있다는 사실이
참 잔인하게 아름다웠다

그 여름 이후, 나는 나만의 공식을 써 내려간다

너+뜨거운 오후-말하지 못한 마음= 아픔의 잔류열

그 식은 여전히 풀리지 않은 채,
해마다 여름이면 다시 뜨거워진다
창가에 부서지는 햇빛,
눈을 감으면 들리는 그날의 숨결,

모든 장면은 마치 반복되는 수업처럼 내게 돌아온다

한여름은 지나가고,
너는 더 이상 내 안에 없지만
그 방정식만은
아직도 나를 견디게 한다

해답은 없는데,
왜 이토록 선명할까
왜, 이토록 아플까

새벽의 사랑극은 해피 엔딩

작게 열린 창문으로 들어오는 새벽의 숨
저물어 가는 나에게 호흡하는 어둠
조명은 달 하나뿐인 작디작은 극장

별 하나 희미하게 놓였지만
감은 눈에서는 눈이 부신 빛의 장막이니

매일 덮어오는 새벽은
이 극의 절정의 그림자

그대에게

 아아, 이번 차례에는 아름다운 호접란 한 송이가 져 버리나 봅니다.
 꽃잎 한 장, 한 장, 무력히 떨어지고 무참히 밟힙니다.
 마치 그 꽃이 보기 싫은 듯 그들은 꽃잎을 잘근잘근 밟기 시작합니다.
 그들은 신의 사자라는 가면을 쓴 채 보드라운 꽃잎을 몇 번이고 밟습니다.
 꽃잎이 밟힐 때마다 제 마음 한편은 아려 옵니다.

 자신들의 물질적 이익만을 위하여 무고한 타인을 희생시키는 것이 신의 사자일까요.
 그런 식이라면 그들은 신의 사자라는 가면을 쓰고 신의 사자를 연기하는 사탄이나 다름없는 것 아니겠습니까.

 하지만 그렇게 꽃잎은 무참히 밟히다 못해 불에 태워져 가루가 되어 버리더라도 저는 그대의 가루 한 톨, 한 톨, 모두를 기억할 것입니다.

만약 그대의 잔해가 모두 이 세상에 흩어지게 되더라도 저는 그대를 따를 것입니다.

당신의 잔해가 어디로 향하든, 저는 죽어서 그대와 함께할 것입니다.

그대가 밟혀 버린 이후에는 탐욕의 화신들을 부디 잊어 주십시오. 저 또한 밟혀 그대의 머릿속에 더 나은 추억의 씨앗을 심어 드리고 싶습니다.

탐욕의 화신들이 그대를 모욕하려거든 개의치 말아 주십시오.
그들이 그대의 이름에 더러운 것을 묻힌다 하더라도, 그대는 저의 영원한 우상입니다.

설사 영원이라는 것이 증명된 적 없다고 한다면, 저는 영원을 증명하겠습니다.

그대와 함께했던 세상은 아름다웠고, 그대의 눈동자에 비친 세상은 더욱더 아름답게 빛났습니다.

이 세상이 만약 그대를 거부하더라도 저만은 당신을 등지지 않을 것이니, 만약 그대가 완벽히 밝히고 태워진다고 하더라도 완벽한 안식을 맞이해 주십시오.
　그대가 완벽한 안식을 맞이한 채 저를 기다려 주신다면 저는 더 바랄 것이 없을 듯합니다.

　그대의 행복이 곧 저의 행복이니 부디 편안한 안식을 맞이하시옵소서.

개가 되어도

숨 막혀 죽을 때까지 미친 사람처럼,
널 껴안고 울고 싶다
미안하다고, 사랑이었다고 외치고 싶다

모든 숨이 다 닳아 눈물이 말라붙는다
누가 꿰매기라도 했는지
하필 입이 잘 떨어지지 않는다
말라붙은 감정의 잔해만이 내 안에 남아,
썩은 피처럼 심장을 오염시킨다

뼛속까지 시린 공기가 폐를 긁어 들어오고,
식은 눈물은 하염없이 뺨에 얼어붙는다

이제 와서야 나는 짓고 있다
살점이 찢겨도 좋으니
제발 돌아오라고, 내 모든 뼈를 바쳐도 좋으니
단 하루만 다시 안아 보게 해 달라고,

내가 만든 이 지옥을 안고 나는 천국을 꿈꿨었다

탄소

탄소를 바탕으로 삼는 무혼의 유기체 덩어리
그것은 내 새벽의 노래야

너는 어쩌면 광학 이성질체
왼손잡이인 탄소 결합물

목을 매려 들지는 마
내 폐가 괴로워하거든

다시 한번 읽어 보자
다 같은 것은 같다
다시 한번 읽어 보자

내 폐가 괴로워하거든
목을 매려 들지는 마

왼손잡이인 탄소 결합물
너는 어쩌면 광학 이성질체

그것은 내 새벽의 노래야

탄소를 바탕으로 삼는 무혼의 유기체 덩어리

후회

사랑이 왔을 때
사랑이 온 줄 모르고

행복이 왔을 때
행복이 뭔 줄 모르니

우리는 영원히

사랑하지 못하고
행복하지 못하여라

그렇게 오늘도

지나간 사랑과 지나간 행복을 보내고
눈물 어린 후회 속에서 살아가는구나

그렇게 우리는
평생을 후회 속에서 살아가겠지

이미 다가온
사랑과 행복을 미처 깨닫지 못한 채

이미 지나간
사랑과 행복을 후회로 그려 가면서

구조 신호

도망치며 도착한
풀잎 덮인 강가는
서늘한 마차 불어온다

마차야 마차야
나를 실어 다오
실어서 실어서
이 적막 벗겨 다오

시끄러워 돌아본
검은 물소리엔
분주한 강빛 뛰어간다

강빛아 강빛아
나도 흘려 다오
흘러서 흘러서
이 울음 씻겨 다오

내 애달픈 부탁에도
침묵하는 강가
잔인한 하늘에
울음을 쏘아 올린다

남자의 꽃

남자가 꽃을 선물한다는 건,
꽃집 문을 열며
어색함을 무릅쓰고
선반 위의 꽃들을 하나하나 들여다보며
이 꽃이 어울릴지 저 꽃이 더 나을지
고민하고 또 고민하는 시간

꽃향기 속에 스며든 네가 떠올라
손끝에 닿는 꽃잎이 네 웃음처럼
부드러워 괜히 한 번 더 매만져 보고
두 손에 쥔 꽃다발이 괜히 낯설고
쑥스러워
너를 닮은 꽃을 품에 안아 본다

후회

미리 너를 알았더라면
피하려고 했을 텐데

예고라도 있었더라면
마음을 잠시 내려놓았을 텐데

네 이름이 후회인 까닭이
미리 알지 못하기 때문인가 보다

울음 답안지

남의 눈물을 연구한다
훌쩍임의 횟수
얼굴의 붉어짐 정도
내려오는 이슬의 주기를 분석한다
그리고 그것들로 답안지를 만든다

하지만 난 눈 가려진 까막눈
기껏 만든 답안지 한 장도
베끼지 못한다

눌러놓은 마음속에
구겨진 답안지 집어 놓지만
여전히 눈은
비가 올 날을 모른다